DU MINISTÈRE

ET

DE LA CENSURE.

PARIS.—— IMPRIMERIE DE PAIN,
Rue Racine, n 4, place de l'Odéon

DU MINISTÈRE

ET

DE LA CENSURE.

There is something rotten in the state
Hamlet

Il y a quelque chose de corrompu dans l'État

PAR A. JAY.

A PARIS.

CHEZ MOUTARDIER, LIBRAIRE,

RUE GIT-LE-CŒUR, Nᵒ. 4.

1827.

DU MINISTÈRE

ET

DE LA CENSURE.

> There is something rotten in the state.
> HAMLET.
>
> *Il y a quelque chose de corrompu dans l'état*

LE caractère de la Censure, telle qu'elle vient d'être rétablie, annonce évidemment l'intention de détruire toute liberté en France. Il est peut-être temps encore d'écarter les périls qui nous menacent; de prévenir ces déchiremens subits de la société, qui, pareils à ceux des nuages au moment de la tempête, laissent partir la foudre, et ne se referment que lorsque le mal est consommé. Les ministres atteints de cette fièvre du pouvoir, dont l'effet inévitable est de suspendre l'exercice de la raison, poussent rapidement l'état à sa ruine. L'avenir s'approche chargé d'un sinistre fardeau; les dangers se pressent; et il est du devoir d'un citoyen, ami de son pays, d'élever la voix, même quand cette voix ne serait pas entendue.

Les premiers actes du ministère annoncèrent

qu'il serait bientôt en hostilité avec les intérêts nationaux ; et que n'osant d'abord attaquer de front les obstacles qui s'opposaient à ses desseins, il chercherait à s'approcher graduellement de son but par des voies obliques. De là, la nécessité d'une majorité dévouée ; de là aussi, les violences, les séductions, la corruption des élections de 1822 ; corruptions, séductions, violences avouées et constatées aux deux tribunes. Les élections terminées, il s'occupe à réunir les forces dont il croit pouvoir disposer pour l'accomplissement de ses projets.

Il fait la guerre d'Espagne pour donner une armée, non à la monarchie constitutionnelle, mais à la monarchie absolue ; il provoque la septennalité, pour se former un parti compacte et dominant dans la chambre des députés ; ne pouvant proscrire entièrement la liberté de la presse périodique, parce que c'était en défendant cette même liberté qu'il s'était élevé au pouvoir, il cherche à l'avilir par la corruption, à la neutraliser par la crainte, à l'anéantir sous les coups d'une législation exceptionnelle ; il se croit certain de l'appui de la magistrature, et il compte sur le clergé. Pendant qu'il range ainsi en bataille contre la Charte tous les pouvoirs émanés de cette même Charte, l'opinion publique, qui n'est que l'expression des intérêts généraux, prend l'alarme ; des écrivains courageux signalent les dangers du système ministériel ; mais en faisant le dénombrement de ses forces, en calculant surtout l'isolement des citoyens, les molles habitudes de la civilisation, le ministère rêve un triomphe facile, et s'écrie, comme un autre conquérant : « *Que les destins s'accomplissent !* »

Cependant, au moment de l'action, de puissans auxiliaires sortirent de ses rangs; la magistrature française, si intéressée au maintien des lois, à la conservation de l'ordre, à l'application impartiale de la justice, repoussa généreusement l'alliance impie qu'on voulait lui imposer; on exigeait qu'elle servît d'instrument pour étouffer la voix retentissante de la presse périodique; elle refusa de rendre cet indigne service, et se couvrit de gloire par des arrêts conformes au droit commun et à l'équité [1]. Ce premier échec ne fit qu'irriter le ministère; il voulut en tirer une vengeance éclatante, d'abord en destituant un magistrat [2] coupable de l'insigne délit d'avoir une conscience; ensuite par le rétablissement de la censure, fondé sur l'insuffisance des tribunaux. Il faut ici nous arrêter un instant.

Louis XVIII vivait encore, mais la main glacée de la mort était près de le saisir. Frappé d'une maladie incurable, privé de cette énergie morale qui sait démêler la pensée réelle sous des paroles spécieuses; ne pouvant juger ni les faits, ni l'opinion, il était facile de le tromper; la censure fut établie. Peutêtre n'est-il pas superflu d'observer que la vieillesse des rois est souvent une époque féconde en malheurs publics. Certes, Louis XIV était puissamment doué par la nature; la première partie de son règne fut

---

[1] Procès de *l'Aristarque* et de *la Quotidienne*.

[2] M. Fréteau de Pény, avocat général à la cour de cassation.

brillante par les faits, glorieuse par les résultats; cette gloire brille encore d'un vif éclat après plus d'un siècle. Quelle différence entre la première et la seconde partie de ce règne mémorable? Louis XIV, atteint d'une infirmité douloureuse, n'est ni le même homme, ni le même roi; plus il avance vers le terme de la vie, plus il devient incapable de régler les destinées de l'état; enfin il tombe entre les mains d'un jésuite [1], et tout s'obscurcit autour de lui; on arrache à sa caducité la révocation de l'édit de Nantes, charte de Henri IV, charte de tolérance et de paix, respectée même par Richelieu; la France se couvre de deuil. Louis XIV languit et meurt; la joie publique outrage ses funérailles. Quelle leçon pour les rois!

Louis XVIII descend aussi au tombeau, et le nouveau règne s'annonce sous d'heureux auspices. La France regrettait la liberté de la presse périodique, dernier rempart de ses droits menacés, et les transports de la reconnaissance nationale accueillirent l'abolition d'une censure flétrie par ses actes, et dont l'odieux souvenir ne sera jamais effacé. Les sermens de Reims élevèrent au plus haut degré la joie et la confiance des citoyens. C'était pour le ministère le moment de revenir aux principes, de rentrer naturellement dans le régime constitutionnel; mais il aurait fallu de la franchise et quelque loyauté; le système un moment suspendu fut repris.

Les ministres reconnurent que l'opinion retranchée dans la presse périodique était un obstacle invincible

[1] Le P. Letellier.

à l'exercice du pouvoir absolu, unique objet de leurs vœux. Mais on ne pouvait chasser brusquement l'opinion de sa citadelle; il devenait nécessaire d'en faire le siége en forme, d'observer les endroits faibles, de miner le terrain et de saisir l'instant favorable pour l'ensevelir sous ses ruines. Bientôt les postes furent distribués, et les opérations commencèrent.

On s'était aperçu depuis quelques années des progrès de cette société fameuse qui forme dans l'église un état indépendant, et qui veut dominer sur les rois et par les rois. Auxiliaires naturels du despotisme, leur existence, comme corporation reconnue, est incompatible avec les libertés publiques. A leur arrivée en France, ils creusèrent des souterrains et s'y cachèrent; mais on les reconnut bientôt à la turbulente activité de leurs missions, et à la téméraire exposition de leurs doctrines. Les amis de la liberté constitutionnelle s'alarmèrent; leur zèle signala les effets désastreux de ces missions, qui traînant l'incendie d'un bout de la France à l'autre, ressuscitent d'ignobles superstitions ensevelies dans l'oubli, et préparent toute une génération à la honte de la servitude. L'opinion publique fut avertie; alors survint le ministère avide de prétextes contre la liberté de la presse. Deux journaux de l'opposition furent déférés aux tribunaux, comme coupables de tendance anti-religieuse; et tout fut mis en œuvre pour assurer le succès de cette tentative.

Il n'est besoin de rappeler, ni le célèbre réquisitoire de M. le procureur-général Bellart, à qui Dieu fasse paix; ni les éloquens plaidoyers de MM. Dupin et Mérilhou, dans la défense des journaux attaqués ; tout cela est encore présent à la mémoire : jamais, non plus, ils ne seront oubliés, ces deux arrêts solennels qui levèrent le voile jeté sur les dangers du pays, et proclamèrent l'illégalité des congrégations jésuitiques. Loin de savoir gré à d'honorables magistrats du service immense rendu à la société, le ministère s'en irrita ; il vit avec une douleur concentrée qu'il devait renoncer à l'appui de la magistrature française, pour détruire la liberté de la presse. Il eut recours à d'autres moyens.

Les organes du ministère reçurent l'ordre de parler sans cesse de révolutions et de révolutionnaires, d'évoquer de tristes souvenirs, de prendre la défense de la religion comme si elle était attaquée, de dénaturer même au besoin les pensées et les paroles des écrivains de l'opposition. Cette tâche fut merveilleusement remplie ; mais par malheur, la raison publique était trop éclairée pour céder à de vaines déclamations. On comprit que les seuls révolutionnaires qui existent en France, sont précisément les ministres eux-mêmes, dont tous les efforts tendent à mettre le pays en révolution ; c'est-à-dire, à ruiner ou à dénaturer ses institutions, à substituer un régime illégal à la légalité, à concentrer dans leurs mains toute la réalité du pouvoir. Les organes ministériels ne furent pas même écoutés ; nouvel échec, nouvelle fureur !

A la même époque, le danger commun rapprocha des hommes qui s'étaient long-temps combattus sans se connaître ; la Charte était devenue l'unique refuge de nos libertés et de l'honneur national, cette vérité fut généralement admise, et l'alliance porta des fruits heureux ; d'anciens préjugés s'effacèrent ; de vieilles animosités furent apaisées ; l'amertume des souvenirs s'affaiblit ; tout fut sacrifié au bien public. L'opposition compta dans ses rangs les talens et les vertus qui honorent l'époque.

Dans le même temps parurent quelques écrits scandaleux ; je veux parler de ces misérables petites biographies des *Dames de la cour*, *de la Chambre des pairs*, *de la Chambre des députés*, qui pullulèrent comme les insectes à l'approche d'un orage. On n'a jamais pu savoir au juste l'origine de ce débordement de sottises calomnieuses. Le doute en disait assez ; mais le bruit qu'en fit le ministère en disait encore plus. Jamais service plus éminent ne lui avait été rendu ; il en tressaillit de joie et d'espérance ; enfin voilà un prétexte spécieux. « La presse a ses abus : tant mieux, ce sera le moyen d'en proscrire l'usage. nous avons en notre faveur les amours-propres irrités dans les deux chambres, le dégoût qu'inspirent toujours les attaques dirigées contre des femmes titrées ou non titrées ; nous réduirons la presse au silence, et alors !.... » Telles étaient, je n'en doute pas, les pensées et le langage des ministres.

On se met à l'œuvre. Toutes les capacités jésuitiques et ministérielles sont convoquées ; il faut une loi tellement captieuse que la presse périodique et non périodique ne puisse échapper à la main de fer de l'arbitraire ; que cette loi soit semée de piéges inévitables, que le droit même de propriété y soit effacé, enfin que la dernière ancre qui retient encore la Charte à flot soit coupée. Les ouvriers travaillent jour et nuit, et fabriquent à grand'peine cette prétendue loi sur la police de la presse, infernale combinaison de perfidie, de fraude et de despotisme. Elle fut mise au secret ; mais le jour de son apparition n'était pas éloigné.

Tout avait été préparé pour le succès. Quelques conseils généraux des départemens, dont les membres sont choisis par les agens du ministère, fournirent leurs tributs de phrases contre la liberté de la presse ; on retrouva les mêmes expressions dans des mandemens d'évêques qui n'aiment pas plus la liberté civile que la liberté religieuse ; enfin le ministère glissa quelques paroles accusatrices dans le discours de la couronne. Les batteries ainsi disposées, on attendit avec moins d'impatience le moment de l'action.

Les réponses des deux chambres au discours de la couronne ne furent, comme il est d'usage, que l'écho de ce même discours. Le ministère avait parlé des abus de la presse ; on lui répondit que les abus de la presse devaient être réprimés ; cela parut suffire ; on se crut assuré de la coopération des chambres, non pour réprimer, mais pour détruire.

On n'exigera pas de moi que je revienne sur les dispositions du projet de loi ministériel. A peine fut-il connu, qu'un cri général de réprobation l'accueillit comme un arrêt de mort contre l'intelligence humaine. Le ministère était enfin à découvert ; il resta démontré que désormais chaque instant de son existence serait une convulsion d'agonie pour la société. Les débats s'ouvrent à la chambre des députés, et la tribune révèle tous les dangers qui menacent les lumières, et l'imprimerie elle-même, la plus belle découverte du génie de l'homme, et le plus utile des arts. La société entière s'émeut; le premier corps littéraire de la France devient l'interprète du sentiment général; la presse périodique retentit d'éloquentes réclamations; quel que soit le dévoûment des partisans du ministère, il ne peut résister entièrement à la manifestation de l'opinion publique; le projet de loi commenté, modifié, mutilé, mais toujours dangereux, est transmis à la chambre des pairs; alors tous les regards, toutes les espérances se tournent vers cette noble assemblée.

Dans l'état actuel des choses, la position de la chambre des pairs est digne de remarque. D'après l'esprit de son institution, elle est destinée à veiller au maintien de la prérogative royale et de l'aristocratie constitutionnelle; c'est une barrière opposée à l'accroissement démesuré de l'influence populaire, qui pourrait détruire l'équilibre des pouvoirs, ce qui amènerait l'anarchie ou le despotisme. Mais les intérêts populaires, c'est-à-dire, les droits publics et privés des Français, n'ayant plus un nombre suffisant de défenseurs naturels, par l'ascendant démesuré du ministère sur les élections, il s'ensuit que si l'esprit d'aristocratie inconstitutionnelle, ou de servilité, domine dans la chambre élective, tout équilibre est rompu et le gouvernement représentatif anéanti, à moins que la chambre héréditaire, si intéressée à la conservation du régime constitutionnel , ne prenne elle-même sous sa protection les droits acquis et les intérêts généraux. Cela peut servir à expliquer la conduite de la chambre des pairs, conduite si honorable et si digne de reconnaissance. Une loi sur le jury, conçue dans le seul intérêt du pouvoir ministériel, avait été soumise à son examen , elle en avait fait une loi favorable à l'indépendance des élections et du jury ; aussi, ce ne fut ni sans crainte, ni sans répugnance, que le ministère lui présenta le nouveau projet de loi sur la presse ; une commission fut immédiatement nommée et le rapporteur désigné.

Cependant le bruit s'accréditait que la chambre des pairs refusait de s'associer au ministère pour consacrer les vexations, l'arbitraire, la violation du droit de propriété, dont le projet de loi portait encore les marques visibles. On ajoutait que la commission examinerait religieusement les articles conservés , qu'elle s'entourerait des renseignemens nécessaires pour arriver à la connaissance de la vérité, et changer un instrument de destruction en une arme de défense. Tout à coup la loi est retirée; et l'on n'a pas oublié avec quelle explosion de joie et de gratitude cette nouvelle fut reçue sur tous les points du royaume. « Enfin, disait-on, la Charte est sauvée, et les mi- » nistres convaincus par leurs propres actes d'incapa- » cité ou de trahison, cesseront de s'interposer entre » le monarque et l'affection du peuple. Pour peu qu'ils » soient dévoués au Roi, ils sentiront que leur pré- » sence est dangereuse dans ses conseils, et ils pren-

» dront le seul parti honorable qui leur reste, celui
» de la retraite. » On vit aussitôt l'industrie se ranimer, le commerce reprendre ses spéculations, et la confiance publique espérer un meilleur avenir. Ces illusions, par une inexplicable fatalité, devaient bientôt s'évanouir et faire place à d'affligeantes réalités.

Déjà les bruyantes, mais loyales manifestations de l'allégresse publique avaient été représentées comme des symptômes révolutionnaires. Ceux qui en parlaient avec le plus de véhémence, n'y croyaient pas, et ne pouvaient y croire. Mais qui ne connaît la force de vieilles idées devenues fixes, et de terribles souvenirs qui dominent le jugement? Ce fut le point d'appui du ministère. De là, les rapports faux ou exagérés, les calomnies contre la France, et surtout contre la population de Paris. « Il ne faut rien céder à l'opinion, parce que chaque concession amène une exigence nouvelle; l'emploi de la force est le seul qui convienne avec un peuple qui ose exprimer ses vœux; il faut le rompre à l'obéissance passive; c'est ainsi qu'on obtient du repos et de la sécurité. » Tels sont les raisonnemens qui, à une certaine époque de la vie des nations, soulèvent tôt ou tard les sociétés, et engloutissent les trônes.

Rectifions ces idées! Chaque gouvernement a ses conditions d'existence. L'une des plus indispensables à la durée d'un gouvernement représentatif est la libre communication des idées, au moyen de la presse, et, par une conséquence nécessaire, la libre expression de l'opinion publique. Tout le gouvernement constitutionnel est là ; ce gouvernement n'existe plus, dès que l'opinion est comprimée, et ne peut se faire entendre. Il vaudrait mieux alors proclamer le pouvoir absolu ; du moins on saurait à quoi s'en tenir, et aucun piége ne serait tendu aux citoyens. On montrerait aussi par-là quelque franchise ; mais prétendre qu'il existe un gouvernement libre lorsque l'expression du vœu public en faveur de la liberté de la presse, sauvée d'un grand péril, est regardée comme séditieuse ; où le mécontentement contre un ministère, qui s'acharne à la destruction de l'édifice constitutionnel, ne peut se produire sans être consi-déré comme un crime digne de châtiment ; c'est se jouer du bon sens le plus vulgaire, c'est insulter à la pudeur publique ; c'est imprimer à la restauration la flétrissure du mensonge.

On sait ce qui est arrivé à la dernière revue de la garde nationale parisienne. Aux acclamations una-nimes les plus loyales, se mêlèrent d'autres acclama-tions qui révélaient le sentiment général qu'inspire le ministère. Ce sentiment avait acquis une telle énergie que rien ne pouvait le contenir. Des mi-nistres attachés au roi et à la royauté auraient compris leur devoir ; mais on les connaissait trop pour attendre d'eux quelque résolution généreuse. Cependant, je dois le dire, la dissolution imprévue de la garde nationale surpassa même l'idée qu'on s'était faite de leur audace. De grands services, un dévouement sans bornes, une gloire encore resplen-dissante, ne purent détourner la vengeance ; tout fut sacrifié à la colère; tout fut frappé d'une surprise mêlée d'indignation, depuis les plus hauts rangs de la société, jusqu'à l'homme de peine qui gagne son pain à la sueur de son front.

La session touchait à son terme; le budget était emporté; et quoique constamment humilié aux deux tribunes, encore tout honteux de ses défaites, privé de la coopération de la majorité des pairs de France fidèles à leurs sermens, le ministère reconnut sa position; il ne pouvait vivre que par la violence, et résolut de suivre le système meurtrier des coups d'état; telle est l'origine de la censure actuelle. Je m'arrêterai ici un instant.

Ce qui surprend les étrangers, qui ont tant admiré la valeur française sur les champs de bataille, c'est la résignation avec laquelle la France supporte des mesures qui lui révèlent un sombre avenir, qui alarment tous les intérêts et blessent tous les cœurs; il leur semble que la patience nationale ne peut être épuisée; et que chaque ministre pourra dire un jour comme l'affranchi de Claude :

« J'ai cent fois, dans le cours de ma grandeur passée,
» Tenté leur patience et ne l'ai point lassée.

Je veux expliquer ce phénomène. Nul doute que le ministère actuel n'ait porté au comble le mécontentement public; ce sentiment existe dans toutes les classes, sur tous les points du royaume, dans le plus humble village comme dans les plus superbes cités. Il n'y a point aujourd'hui de partis en France; le ministère est d'un côté avec son armée servile d'employés et de commis, ét de l'autre, la nation livrée aux travaux des sciences, des arts, de l'agriculture, du commerce et de l'industrie. Dans un tel état de choses, ce que les citoyens redoutent le plus, et avec raison, ce sont les troubles civils qui menacent la fortune publique et les fortunes privées, les commotions politiques qui naissent les unes des autres, et se succèdent long-temps comme les flots d'une mer battue de la tempête. D'effrayans souvenirs appuient cette crainte générale des révolutions, qui ajournent à un si long terme les prospérités et même la liberté des peuples. L'ordre et la paix sont des besoins pressans pour les nations civilisées ; et c'est là ce qui rend encore plus criminels les hommes qui substituent un régime arbitraire au régime légal, et administrent violemment une société paisible ; de plus, les citoyens, accoutumés au gouvernement constitutionnel, ne perdent jamais entièrement l'espérance ; ils savent qu'une parole royale peut tout finir, cet espoir les soutient, et ils aiment à le nourrir. Ils considèrent aussi, comme motifs de sécurité, la sagesse, l'intégrité, l'indépendance de la magistrature ; ils comptent sur la noble majorité de la chambre des pairs, sur l'éloquence des protestations de la tribune, sur la force naturelle des choses, sur la puissance même des événemens imprévus. Une raison éclairée leur apprend qu'on ne peut long-temps demander, plus d'un milliard d'impôts annuels, à un peuple livré aux caprices du pouvoir absolu. On ne peut guère s'imaginer que trois hommes si peu remarquables par le talent, et que le jeu seul des partis a poussés au sommet de la société, aient la prétention de nous imposer un despotisme ignominieux, et la force d'achever leur tâche : on s'arme donc tout à la fois de patience et de dédain. Mais que les ministres y prennent garde, il n'y a là dedans ni crainte, ni servilité.

D'après ces considérations, on ne sera point surpris que la nouvelle de l'imposition de la Censure ait peu ajouté à l'énergie du sentiment qu'inspire le minis-tère. C'était d'ailleurs une faute ; et elle ne pouvait lui échapper ; c'était une faute, car les ministres démentaient eux-mêmes leurs paroles les plus solennelles et les promesses qui avaient aplani leur route au pouvoir ; tout ce qu'on pouvait dire à leur égard avait été mille fois répété, et se trouvait ineffaçablement gravé dans la mémoire publique. En imposant silence à l'opinion, en proscrivant l'usage libre de la presse périodique, ils se privent même de leur argument banal, l'abus de la presse · et, lorsque la tribune se réveillera à la prochaine session des chambres, il ne sera plus question que des abus de la Censure. Nous verrons quel profit les ministres en pourront tirer pour la nouvelle loi, destructive de la presse, qui s'élabore péniblement dans les ateliers ténébreux de la contre-révolution.

Sans doute quelque orateur, interprète de l'opinion nationale, leur demandera quelles circonstances graves ont pu justifier une mesure réservée pour les périls extrêmes. Se rejetteront-ils encore sur quelques abus de la presse ; mais ces abus, s'ils existent, justiciables des tribunaux et facilement réprimés , sont inséparables de l'usage. Sont-ce là ces graves circonstances, ces dangers imminens, dont le législateur, honteux sans doute de violer la Charte, a exigé la présence reconnue comme le palliatif de cette violation ? L'amour de l'ordre , le respect des lois, l'attachement aux institutions nationales , le sentiment de l'honneur ne sont-ils plus les traits caractéristiques des Français ? Existe-t-il un peuple plus facile à gouverner par la franchise et la justice, plus sensible aux services rendus, plus généreux et plus loyal ? La paix intérieure solidement établie , ne pouvant plus être troublée que par les soubresauts de la tyrannie ; treize ou quatorze cents millions arrivant annuellement sans effort, des mains de l'opulence , et de l'épargne de la pauvreté , au trésor public ; une agriculture en état de progression ; une industrie , un commerce qui ne demandent que des encouragemens et des débouchés ; une société , où les longues haines s'apaisent, où l'irritation des souvenirs s'amortit sensiblement, où l'on aperçoit une tendance manifeste à tenir moins aux opinions qui divisent qu'à celles qui unissent ; enfin une génération amie de la liberté légale , dont l'activité se dirige vers l'exercice des vertus sociales et la pratique des devoirs : voilà , voilà les graves circonstances au milieu desquelles l'ordonnance de Censure a proclamé la suspension de la presse périodique. Ainsi, la Censure est privée des conditions nécessaires à son établissement ; c'est un coup d'état, une mesure illégale, un crime flagrant dont l'impunité est un fléau de plus. Il ne manquait que cette plaie à toutes celles que le ciel irrité vient d'infliger à la malheureuse France ; et, par une fatalité remarquable, nous avons subi tout à la fois les inondations, les grêles, les incendies et la Censure.

J'examinerai maintenant la Censure telle qu'elle est exercée ; j'ai tardé à y venir, car c'est la partie la plus fâcheuse de mon sujet ; on ne sera point étonné si j'éprouve quelque répugnance à traverser ce terrain fangeux ; mais je ne saurais me soustraire à cette nécessité, et il faut savoir prendre son parti. Je m'occuperai peu des individus ; et si je fais une exception en faveur de M. de Bonald, c'est que sa présence au conseil supérieur de la Censure est une indication formelle du système d'injustice et de violence que nous subissons aujourd'hui.

On remarqua d'abord que l'ordonnance de Censure ne contenait point l'exposé des motifs de son établissement : on en conclut que le ministère, perdant toute pudeur, se déterminait à braver ouvertement l'opinion, et abandonnait toute prétention à la légalité de ses mesures. Il ne fut plus permis d'en douter lorsqu'on vit M. de Bonald, pair de France, abaissé aux fonctions de président du conseil supérieur de surveillance de la Censure, misérable parodie de l'ancienne commission sénatoriale de la liberté de la presse. M. de Bonald, disciple de M. de Maistre, est le plus intrépide partisan du despotisme qu'il désigne par *l'unité de pouvoir*, et la société jésuitique qu'il porte dans son cœur. Il fut alors facile de voir que la Censure n'était instituée qu'au profit du ministère et du parti ultramontain. On se rappelle que M. de Bonald, dans la discussion sur la loi du sacrilège, avait prononcé, en parlant des prévenus, ces paroles ironiquement abominables : « *Renvoyez-les devant leur juge naturel !* » c'est-à-dire : *Tuez-les !* Il est peu surprenant que les ministres aient vu le chef naturel de l'inquisition de la Censure, dans l'homme qui avait exprimé cette pensée digne du fameux Torquemada, ou d'un exécuteur de la Saint-Barthélemy.

. Dès le lendemain de l'organisation de la Censure, parut dans le Moniteur une longue apologie des intentions du ministère. « La censure n'était rétablie que pour protéger la liberté de la presse ; elle ne subirait ni l'influence d'un parti, ni celle des passions particulières et des intérêts personnels ; l'arbitraire serait manié si doucement qu'on aurait peine à s'en apercevoir ; il ne s'agissait que de dégager les débats publics d'un certain esprit d'aigreur et de l'inconvenance des personnalités. Du reste, toute indépendance de doctrine serait laissée aux écrivains de l'opposition. On leur faisait même le défi d'entrer en lice avec les champions du ministère. » Tel était le sens de ce patelinage officiel, qui fut diversement accueilli.

Quelques personnes ont pensé qu'il fallait négliger cette provocation et garder un morne silence. Des motifs spécieux appuyaient une telle résolution. La discussion publique, privée d'une entière liberté, n'était qu'une déception qu'encouragerait le ministère, et qui pourrait tromper le public; c'était un piége qu'il fallait éviter. Ces motifs n'avaient qu'une apparence de solidité. Il était naturel de croire que le ministère, en provoquant ainsi les organes de l'opposition, espérait qu'ils refuseraient d'y répondre, et qu'il s'en ferait une arme à la tribune. « L'opposition, aurait-il dit, a re-» culé devant une discussion modérée et raisonnable; » elle ne peut se faire entendre sans le secours de la » licence et de l'injure; elle a pu discuter sans con-» trainte; elle ne l'a pas voulu, et s'est jugée elle-mê-» me. » Quelle bonne fortune qu'un tel raisonnement, pour MM. Dudon, de Saint-Chamans et Castel-Bajac!

J'étais préoccupé de ces idées, lorsqu'au 1er. juillet je fus appelé à la direction orageuse du *Constitutionnel;* l'opinion était fortement agitée, et paraissait se prononcer pour le silence; cela ne m'empêcha pas d'examiner froidement les raisons de parler et celles de s'abstenir. Peu accoutumé à suivre la foule quand elle s'égare, à sacrifier l'intérêt réel de la liberté à une exaltation irréfléchie, je pris la résolution d'accepter le défi du ministère, d'essuyer le feu du *Moniteur*, et de le réduire au silence [1], et, pour arriver plus facilement à ce but, je me plaçai sur son terrain.

Les écrivains du pouvoir, chargés de dissimuler

[1] C'est là probablement le prétexte de ces bruits calomnieux colportés avec tant d'ardeur contre *le Constitutionnel.* Il me répugnerait de les attribuer à l'envie qu'inspire toujours un grand succès, et à de honteuses rivalités. Ces bruits ont trouvé beaucoup d'échos et peu de dupes; le public est plus éclairé et plus juste qu'on ne pense.

l'isolement du ministère, séparé de tous les appuis légitimes d'un bon gouvernement, évoquaient une nouvelle puissance sous l'égide de laquelle ils plaçaient leurs patrons; c'était cette omnipotence parlementaire, digne conception de M. de Frénilly, l'un des plus dignes surveillans de la Censure, et l'un des plus chauds ennemis de la presse. Je me déterminai à traiter cette question méthodiquement, et j'envoyai à la Censure un premier article, dont les suppressions sont indiquées en caractères italiques.

DE L'OMNIPOTENCE PARLEMENTAIRE.

(Premier article.)

Les organes du ministère nous ont promis la franchise du raisonnement, la liberté de la discussion. Nous allons voir si cette promesse n'est qu'une de ces illusions politiques destinées à déguiser une marche dangereuse, et à séduire des esprits crédules. Nous allons donc soumettre à l'examen une question vitale, l'*omnipotence parlementaire*, que des orateurs ont soutenue à la tribune, et qui a servi de texte à plus d'un commentaire dans les journaux ministériels. Cela revient à cette puissance de la majorité qui, depuis quelque temps, sert de base à tous les argumens du *Moniteur*.

Nous posons d'abord comme principe que si cette doctrine était admise comme une vérité reconnue, il n'y aurait de sécurité ni pour le trône, ni pour les libertés publiques, et qu'elles seraient à la merci d'un ministère malveillant ou instrument de malveillance. *Il pourrait alors n'y avoir d'autre omnipotence que celle de la corruption, qui engendrerait bientôt la tyrannie. Le pouvoir royal lui-même serait exposé à n'être plus que l'esclave d'une faction; et cette fausse position ne pourrait durer long-temps sans produire des maux incalculables et de furieuses réactions.*

Si l'omnipotence se trouvait dans la majorité des chambres législatives, elle pourraient légalement abolir la Charte, ou la modifier, de manière qu'au lieu d'être le rempart des droits acquis, elles ne servirait plus que de citadelle à l'oppression. *Cette théorie ne pourrait être agréable qu'à un ministère qui, se servant de tout son pouvoir et de tous ses moyens d'influence pour dominer les élections, ou corrompre la majorité d'une chambre élective, et jeter dans la chambre héréditaire un nombre suffisant de nouveaux pairs, pourrait, en vertu du principe que nous combattons, proclamer la contre-révolution, et l'avènement du pouvoir absolu.*

Heureusement cette doctrine est d'une absurdité si choquante qu'elle ne peut faire de dupes. Du moment qu'il existe une loi fondamentale qui établit les droits et règle les devoirs, cette loi doit être inviolable. Toute liberté jurée, tout droit solennellement reconnu, devient une propriété sacrée pour la nation en général, et pour chaque citoyen en particulier: ils peuvent en être dépouillés par le fait, jamais par le droit. Il n'y a point d'omnipotence qui puisse légitimement décider qu'un peuple libre redeviendra esclave. Un pouvoir qui s'élèverait au-dessus de tous les droits serait un pouvoir oppresseur, et il n'y a point de légitimité dans l'oppression; les droits sont corrélatifs et se servent mutuellement de garantie. Le glaive peut ensanglanter la question, et non la résoudre.

» Mais, a-t-on dit, si la loi fondamentale est immuable,
» vous aurez à la longue une loi faite pour d'autres besoins,
» d'autres mœurs, un autre siècle, un autre peuple. Vous
» retombez dans les vieilles doctrines de l'Égypte et de l'Inde. »

Quel esprit assez stupide pourrait se laisser prendre à de pareils sophismes ? Quoi ! une Charte qui garantit, ou qui devrait garantir les droits des citoyens, qui consacre, ou doit consacrer la liberté de la presse, la liberté individuelle, la liberté religieuse et civile, l'égalité devant la loi, le vote constitutionnel de l'impôt, pourrait subir les injures du temps ? La France aurait un jour d'autres besoins que ceux de la justice et de l'humanité ! il arriverait une époque où la liberté appuyée sur la loi serait repoussée comme un préjugé vieilli ! En vérité, on rougit de répondre à une telle argumentation. Non, les nations ne vieillissent que sous le joug avilissant du pouvoir absolu ; elles sont jeunes et pleines de vie, tant qu'elles conservent leur liberté.

Nous nous bornons aujourd'hui à ces réflexions préliminaires. Dans un second article nous jetterons un coup d'œil sur l'histoire de la puissance de la majorité parlementaire en Angleterre. *Nous verrons que cette puissance, qui a commencé au milieu des factions, n'a été précisément avouée et reconnue que sous l'administration la plus honteusement avilie dont les annales britanniques aient conservé le souvenir. C'est sous un ministre qui avait acheté par des emplois, des pensions et de l'or la majorité des deux chambres ; c'est sous Walpole le corrupteur que s'éleva cette puissance de la majorité dont les organes ministériels font aujourd'hui tant de bruit.*

En recevant mon article ainsi mutilé, je ne pus m'empêcher de sourire de la naïveté de la Censure, et d'admirer sa tendre sympathie pour la mémoire de Walpole et pour son système de corruption, qui fait encore rougir l'Angleterre. Je soupçonnai dès lors que la discussion n'irait pas loin, et pour m'en assurer je fis passer à la Commission le second article suivant :

DE L'OMNIPOTENCE PARLEMENTAIRE.

(Second article.)

Le principe de *l'omnipotence parlementaire* fut avancé pour la première fois en Angleterre sous le règne de Charles II, en 1678, après dix-huit ans de restauration ; et l'on peut considérer cette doctrine comme la source des désastres qui ont affligé l'Angleterre jusqu'en 1688, et amené la chute de la famille des Stuarts. Les deux chambres du parlement, ou plutôt les majorités de ces deux assemblées, forcèrent le monarque à maintenir un ministère qui n'était que l'instrument d'une faction ; la liberté de la presse fut anéantie, et il devint alors évident qu'un tel état de choses ne pouvait finir que par une révolution. Elle n'éclata que sous le règne de Jacques II, parce que la faiblesse de Charles ne permettait pas les coups d'état trop violens ; mais la désaffection était visible ; et le sort de cette malheureuse famille, livrée à de funestes conseils, était décidé · ce fut *l'omnipotence parlementaire* qui consomma la révolution de 1688.

Voilà l'origine de ce principe ; il fut depuis modifié par la déclaration des droits (*bill of rigths*) qui servit de point d'appui à la succession protestante, et qui a maintenu la maison d'Hanovre sur le trône, parce que ses membres ont été fidèles à leurs sermens ; et que l'omnipotence parlementaire, qui reparut sous le règne de Georges II ; n'exista que dans le fait et non par le droit. Il faut, avant de reprendre le cours de nos raisonnemens, faire connaître le ministre qui parvint à modifier ainsi le gouvernement anglais.

Robert Walpole se distingua d'abord par une vive opposition contre le gouvernement. Voici le portrait qu'en a tracé le véridique historien Smollett[1] : » Walpole était versé dans la

---

[1] *Histoire d'Angleterre*, tome 13, page 177, édition de Janet et Cotelle

» science des fonds publics et dans tous les secrets de l'a-
» giotage ; de là ses liaisons avec les corporations de finances,
» et l'augmentation de son crédit. Il voyait que la soif de l'or
» était le mobile universel. Assez adroit pour faire tourner à
» son avantage le vice dominant, il en fit d'avance la base de
» son administration future ; il était devenu, sous le dernier
» règne, un des *meneurs* de la chambre des communes, en
» parlant sur chaque question d'une manière décisive, en
» combattant les ministres, en présentant des plans dans
» les discussions relatives aux finances. »

Tel fut l'homme qui plaça la souveraineté dans les majorités parlementaires, parce que, pendant un trop long ministère, il eut les moyens de les acheter par des pensions, des sinécures et des dignités. Nommé ministre des finances, et faisant allusion à la basse vénalité des membres de la chambre des communes, il disait, en montrant une poignée de guinées : « *Voici* » *une drogue avec laquelle on adoucit toutes les mauvaises* » *humeurs ; elle ne se vend ici que dans ma boutique.* » Il ne manquait jamais, dans ses argumentations politiques, de s'appuyer sur la puissance de la majorité parlementaire.

Walpole fut attaqué avec violence dans les feuilles publiques ; il acheta toutes celles qui voulurent se vendre, et restreignit, autant qu'il fut en lui, la liberté de la presse ; car quoiqu'il affectât beaucoup d'indifférence pour l'opposition, il ressentait vivement la critique, et aurait compromis l'état lui-même pour sa propre sûreté. Il se servit de tous ses moyens d'influence et de corruption pour faire élire des députés de son choix, et ce fut un des griefs d'accusation qui furent portés contre lui à la fin de son désastreux ministère. Ce qui contribua principalement à sa chute fut l'énergique loyauté de l'héritier présomptif de la couronne. « Ce prince, dit Smollett, » déclara qu'il n'écouterait rien tant que sir Robert Walpole » serait à la tête des affaires publiques, qu'il le regardait » comme une barrière entre le monarque et l'affection de ses » sujets ; que ce ministre était, à ses yeux, l'auteur de tous

» les maux de la nation, tant au-dedans qu'au dehors, et la
» cause unique du mépris que toutes les cours avaient conçu
» pour elle[1]. »

(*La suite au numero prochain.*)

Ce second article ne fut pas si heureux que le premier; il fut proscrit depuis la première ligne jusqu'à la dernière. On ne fit pas grâce au moindre paragraphe; il fut évident que la censure ne pouvait pas même supporter l'histoire. J'avais été très-scrupuleux à cet égard. Le passage où se trouve le portrait de Walpole est traduit de l'anglais de Smollett; et, pour n'avoir rien à me reprocher, je vérifiai soigneusement la fidélité de la traduction. Quant aux faits ils sont notoires. Après cet exemple, *le Moniteur* nous dira-t-il encore que la discussion publique est dégagée d'entraves, qu'on peut traiter librement toutes les questions politiques, que le champ est ouvert aux écrivains de l'opposition? Il garde le silence sur ce sujet; et il fait bien, car il serait trop aisé de le démentir par des faits positifs, et c'est l'avantage que je voulais obtenir. De quel front le ministère pourra-t-il maintenant reprocher à l'opposition d'avoir évité le combat? l'arme qu'il se préparait est déjà brisée entre ses mains; il ne lui restera d'autres ressources, au jour du jugement de la tribune, que la stérilité des déclamations.

J'avouerai que j'avais mis la Censure à une grande épreuve; elle n'a pas eu la force de la supporter; elle

---

[1] *Histoire d'Angleterre*, tome 13, page 339

s'est effarouchée de l'effrayante ressemblance qui existe effectivement entre le ministère de Walpole et celui de M. de Villèle, entre le système de l'un et de l'autre, entre leurs moyens de domination. En France aujourd'hui, comme en Angleterre autrefois, c'est à l'aide de la violence, de la corruption, de la fraude, qu'on s'efforce de créer des majorités parlementaires, et c'est dans ces majorités qu'on se réfugie, qu'on insulte à l'immense majorité de la nation, et qu'au milieu du mécontentement public on jette l'ancre du despotisme. L'action même de la Censure est une preuve de cette vérité. Quel rapprochement, quelle allusion avait-elle à craindre, s'il n'était pas de notoriété publique, que les élections sont tourmentées, que de faux électeurs sont portés sur les listes, que de véritables électeurs en sont arbitrairement éliminés, qu'on ne joue enfin la comédie du gouvernement représentatif, que pour séduire quelques esprits crédules, et pour tromper la royauté elle-même ?

Toutefois, comme M. de Villèle est le seul des ministres qui ne manque, dit-on, ni d'esprit, ni de finesse, il est probable qu'il saura mauvais gré au censeur qui lui a appliqué si violemment sur la figure le masque de Walpole, et qui n'a pas voulu qu'on pût s'y méprendre. La Censure mal avisée me rappelle le trait d'un vieux censeur dramatique du consulat. Le bon homme se targuait d'une sagacité peu commune dans l'art de flairer les rapprochemens, et de dépister les allusions ; il en trouvait même où il n'y en avait pas. L'un de ses rapports au ministre de l'intérieur se ter-

minait ainsi : « Votre .Exc. apprendra sans doute
» avec plaisir, que dans toutes les comédies nouvelles
» où je trouve un valet fripon, du nom de Dubois, j'ai
» grand soin de l'effacer par respect pour M. le préfet
» de police. » M. Dubois, magistrat aussi intègre qu'é-
clairé, aura ri sans doute, de cette impertinence; j'i-
gnore si l'histoire de Walpole déridera le front soucieux
de M. de Villèle; mais elle ne manquerait pas d'amu-
ser le public, si le sujet était moins sérieux, si la gra-
vité de notre situation ne préoccupait tous les esprits.

On voit que la discussion avec *le Moniteur* sur la
puissance parlementaire a été brusquement terminée,
et que les promesses de tolérance étaient autant de
mensonges[1]. Depuis ce jour, *le Moniteur* parle seul,
et ses monologues sont déjà passés en proverbe. A la
vérité, peu de personnes les lisent, c'est la voix qui
retentit dans le désert; mais, pendant ce temps, la
Censure poursuit le cours de ses exploits. Elle sup-

---

[1] Il n'a pas même été permis d'annoncer au public la
cause de cette interruption. L'avis suivant fut envoyé à la
Censure : « Nous avions formé le projet de discuter à fond la
» question de *l'omnipotence parlementaire*, mais nous ne pou-
» vons poursuivre la discussion. Il s'y trouverait une lacune
» qui interromprait la série de nos raisonnemens. Nous som-
» mes donc dans la nécessité d'ajourner toute discussion à une
» autre époque. Nous tâcherons de suppléer, dans *le Consti-
» tutionnel*, à la polémique quotidienne, par les meilleurs
» moyens que nous pourrons; il nous suffit, pour le présent,
» d'avoir constaté un fait dont la notoriété était nécessaire. »
L'avis fut rejeté. On avouera qu'il est cruel d'être ainsi mal-
traité, et qu'il y a un peu trop de luxe dans cet arbitraire.

prime dans un journal littéraire [1] d'excellentes ré-flexions sur un ouvrage sérieux, plein de vérités et d'intérêt, de M. Charles Dupin. Elle proscrit les noms mêmes des académiciens connus par de grands ta-lens et un noble caractère. MM. Villemain et Lemer-cier sont mis à l'index, l'éloge de M. le duc de Lian-court est interdit ; la pairie est insultée. De simples annonces de livres tels que l'Histoire de l'inquisi-tion française, par M. de Lamotte-Langon, de la Garde-Nationale parisienne, par M. Comte, sont sup-primées [2]. L'arbitraire d'abord un peu timide se for-tifie par l'exercice, s'enhardit par l'impunité, s'irrite de la moindre résistance, s'allume au feu des pas-sions, et finira, si le système continue, par nous con-duire d'excès en excès à la dissolution de la société.

Le plan du ministère n'est plus un secret; c'est à la concentration de tous les pouvoirs qu'il aspire, soit par la ruse, soit par la violence; il s'agit de con-sidérer par quels moyens on peut prévenir les dés-astres suspendus sur la France. La tâche est difficile; mais il y a de la gloire à l'entreprendre. Le grand obstacle à l'accomplissement du système *d'absolu-tisme*, c'est la liberté de la presse; c'est donc cette liberté qu'il faut défendre avec énergie! Que tout Français qui pense, et qui sait exprimer ses pensées vienne à son aide; que l'opinion générale se déclare

---

[1] *Le Globe.*

[2] Ce dernier ouvrage, qui sera bientôt dans toutes les biblio-thèques, se trouve chez Sautelet, libraire, place de la Bourse. Prix : 6 francs.

par toutes les voies possibles; que la lumière soit versée à grands flots sur cette question de vie ou de mort; que le vœu national soit si bien connu et avéré, que tout député, tout pair de France qui se respecte, reçoive avec une profonde indignation les projets de loi qui, à la session prochaine, seront encore présentés, pour perpétuer la censure, et pour enchaîner la presse non-périodique. Je l'ai déjà dit, et on ne saurait trop le répéter, tout le gouvernement représentatif est dans la liberté de la presse; qu'on supprime cette liberté, il ne reste plus que honte et servitude.

La maxime du pouvoir absolu est de diviser pour dominer : réunissons-nous pour être libres, les électeurs de la ville d'Angoulême nous ont donné un grand exemple. Les deux oppositions avaient chacune son candidat; divisées, elles étaient battues, réunies, elles ont triomphé. Il appartenait aux constitutionnels royalistes de faire le sacrifice de leur choix d'affection pour envoyer à la chambre élective un député indépendant. Espérons que partout où ils seront en minorité, les royalistes constitutionnels agiront avec la même franchise; c'est un devoir pour les uns et pour les autres; c'est même une nécessité; toutes les préventions, toutes les aveugles antipathies doivent céder au besoin de l'union. Qu'une coalition de toutes les probités, de tous les talens se forme contre l'ennemi commun, et la France peut encore être sauvée.

On parle d'une dissolution de la chambre élective; elle sera, dit-on, prononcée lorsque la formation des listes départementales du jury sera terminée. Il faut supposer, si la nouvelle a quelque fondement, que le ministère a calculé sur l'indifférence des citoyens à se faire porter sur ces listes qui, d'après la nouvelle loi, formeront définitivement les listes électorales. Les employés, les fonctionnaires, tous les dépendans du pouvoir, privés de la liberté de conscience électorale, et auxquels le ministère impose ses candidats sous peine de destitution, seront inscrits d'office. Que les électeurs indépendans de toutes les parties de la France redoublent de zèle et d'activité ; qu'ils se hâtent de se mettre en règle et de se faire inscrire sur les listes ouvertes jusqu'à la fin de septembre. Il faut former dans chaque département un comité central, échauffer la tiédeur, encourager l'indolence, aplanir les difficultés, eviter les retards. Il faut aussi etudier les fraudes électorales si elles existent, et faire éliminer les faux électeurs. Quand les Français comprendront bien leurs droits et la nature du gouvernement constitutionnel, ils seront assez forts pour défendre leurs libertés et protéger leurs institutions [1].

Si des crises se préparent, organisons toutes les résistances légitimes, et laissons faire au temps; rejetons loin de nous ces considérations person-

---

[1] Voyez, à ce sujet; l'excellente brochure que M. de Châteaubriand, dont l'admirable zèle ne se ralentit point, vient de publier. Elle a pour titre : *Les Amis de la Liberté de la Presse ; marche et effets de la Censure.* Diverses autres brochures remplies d'intérêt et de vérité ont aussi paru, et ont

nelles qui interdisent la faculté du dévouement, cette grande prérogative de l'humaine nature. L'époque est venue où l'isolement est presque un crime et le silence une lâcheté. Que reproche-t-on aux Français si brillans sur les champs de bataille? On leur reproche de manquer du courage civil, mille fois plus rare que le courage militaire, de craindre le froncement de sourcils de l'homme puissant, les pertes de la fortune, la calomnie, les persécutions arbitraires. Ces accusations sont exagérées; le courage civil est le premier fruit des institutions libres. Depuis quelques années il a fait des progrès incontestables dans tous les rangs de la société; il se montre au milieu du mécontentement général; et s'il ne fallait que des martyrs, pour assurer le triomphe de la liberté, il ne serait pas douteux. Combien je voudrais qu'une étincelle d'éloquence pût enflammer ces pages rapidement tracées, et faire pénétrer au fond des cœurs ce sentiment de résistance constitutionnelle à l'oppression qui finit par lasser les oppresseurs! Il est telle circonstance où le refus même de l'impôt peut devenir un devoir : aucun Français, digne de ce nom, ne reculerait au besoin devant ce dernier moyen d'opposition légale.

Les peuples qui ne savent défendre ni leur indé-

---

eu un prodigieux débit. Je ne citerai que celles de M. Pagès et de M. de Jussieu, toutes les deux improvisées avec talent. M. de Salvandy, l'un de nos écrivains les plus distingués, s'est signalé dans cette polémique brillante et utile; il a droit à toute la reconnaissance des bons citoyens.

pendance, ni leur liberté, méritent de perdre l'une et l'autre; les contemporains les méprisent et l'histoire n'a point de sympathie pour eux. Telle ne sera pas la destinée de la France; mais ce qui étonne, c'est l'aveugle opiniâtreté du ministère à tourmenter avec tant d'efforts une nation qui déteste également l'anarchie et le pouvoir absolu, au sein de laquelle n'existe aucun élément de révolution, et qui ne cherche de résistance que dans la loi. Supposons que les ministres aient achevé leur tâche, que le commerce déjà languissant soit anéanti, que l'industrie dont les pertes se multiplient chaque jour, tombe dans une complète inaction, que la liberté de la presse n'existe plus, que l'opinion publique soit muette, que les intérêts nationaux n'aient plus de défenseurs, que tout fléchisse sous l'omnipotence ministérielle, que le corps politique soit immobile et froid; eh bien, dites-nous, grands hommes d'état, dites-nous ce que vous feriez de ce cadavre au milieu des nations vivantes de l'Europe, au milieu de ce mouvement général des peuples et de l'esprit humain qui élève les deux mondes au plus haut degré du perfectionnement social? Que deviendraient la splendeur du trône, l'honneur national, la religion même et la vertu ?

Vous avez fait les premiers essais de cet épouvantable système; car les libertés publiques se garantissent mutuellement; et quand l'une d'elles est blessée, toutes les autres saignent, l'état est en péril. Vous vous flattez en vain de donner le change à l'opinion en faisant vous-mêmes votre apologie, en protestant de la pureté de vos intentions, en supposant une licence qui ne pourrait exister que par vos provocations, vos mesures violentes, vos abus d'autorité. Parce que vous ne frappez pas d'un seul coup, vous vantez votre modération; mais, après avoir tué une liberté, vous en tuerez une autre; vous faites naître l'agitation et le mécontentement, et vous arguez de ce mécontentement, de cette agitation pour justifier vos coups d'état. Quel terme assigner aux malheurs qui naissent de cette mauvaise foi? Où s'arrêtera cette marche rapide vers le néant? Elle sera sans doute arrêtée; mais combien de calamités peuvent fondre sur la France avant que l'heure de la justice soit venue!

Personne ne l'ignore : lorsqu'on vous accuse, vous citez avec assurance le crédit dont vous jouissez, comme si l'agiotage, concentré en vos mains, était le vrai signe de la position sociale et politique du peuple. Mais qui prétendez-vous tromper? Ne savons-nous pas qu'avec votre syndicat, votre caisse d'amortissement, et vos banquiers juifs, vous vendez d'une main et rachetez de l'autre, créant ainsi à votre gré le cours des effets publics? Venons au fait : les affaires languissent, le cours n'est qu'une fiction, que l'enflure de l'hydropique prêt à tomber en dissolution. Qu'il survienne un de ces événemens que le ciel tient souvent en réserve dans sa colère, tel qu'une guerre imprévue, une nécessité inopinée d'agir avec quelque vigueur, comment remueriez-vous une nation réfugiée dans sa résistance d'inertie? comment suspendriez-vous la dépréciation subite et accélérée des valeurs publiques? Vous tomberiez sans doute; mais ce ne serait qu'une réparation tardive, et vous auriez jeté au hasard la fortune de la France.

Au moment où j'écris ces dernières lignes, la lutte de la presse non-périodique contre le pouvoir arbitraire s'engage avec vivacité. Cette polémique, long-temps suspendue par la liberté des journaux, a tout le charme d'une jouissance nouvelle. Les brochures se répandent avec rapidité et vont dans toutes les parties de la France réveiller et raffermir l'opinion. Tous les honnêtes gens se reconnaissent et se rallient; ils savent que la force naît de l'union. Ne ralentissons point nos efforts; et du moins si trente millions de Français sont forcés de subir le joug de trois hommes armés du pouvoir, nous, amis de la liberté, nous n'aurons point de reproche à nous faire, et peut-être quelque estime récompensera notre dévouement[1].

---

[1] M. Félix Bodin, l'un des rédacteurs du *Constitutionnel*, vient de publier un écrit très-piquant, intitulé *la Malle-Poste*, ou *les Deux Oppositions*. Je puis annoncer aussi des brochures successives de MM. Étienne, Léon Thiessé, Arnée, rédacteurs du même journal. D'autres écrivains de mérite se mettent sur les rangs.

FIN.

OUVRAGES

QUE LA CENSURE NE PERMET PAS D'ANNONCER.

HISTOIRE DE FRANCE,

DEPUIS LA FIN DU RÈGNE DE LOUIS XVI

JUSQU'A L'ANNÉE 1825 ;

Precedee d'un Discours préliminaire et d'une Introduction historique sur la Monarchie française et les causes qui ont amene la Révolution;

PAR L'ABBÉ DE MONTGAILLARD.

Ouvrage faisant suite à toutes les Histoires de France publiees jusqu'a ce jour.

SECONDE ÉDITION.

Le Tome IXe. et dernier, qui contient une Table analytique rédigée avec le plus grand soin , sera publié prochainement.

Prix de chaque volume : 7 fr. 50 c. , et 9 fr. par la poste.

PETIT CATÉCHISME DES JÉSUITES,

A L'USAGE DES ÉCOLES, COLLÉGES, NOVICIATS, PETITS SÉMINAIRES ET CONGRÉGATIONS DIRIGÉS PAR LA COMPAGNIE;

PAR LE R. P. PICOTIN,

DE LA SOCIÉTÉ DE JÉSUS

Un volume in-18. Prix : 2 fr., et 2 fr. 50 c. par la poste.

LES SOIRÉES DE NEUILLY,

ESQUISSES DRAMATIQUES ET HISTORIQUES,

PUBLIÉES

PAR M. DE FONGERAY,

Ornées du portrait de l'Éditeur et d'un *fac simile* de son écriture.

SECONDE ÉDITION.

Un vol. in-8^r. Prix : 6 fr., et 7 fr. 50 c. par la poste.

L'ANTIDOTE DE MONT-ROUGE,

OU

SIX QUESTIONS

ADRESSÉES A MM. DE BONALD, FRAYSSINOUS, THARIN, ETC.

PAR SALGUES,

Ancien Professeur de l'Université

SECONDE ÉDITION.

Un vol. in-8°. Prix : 6 fr , et 7 fr. 50 c. par la poste.

BROCHURES POLITIQUES

PUBLIÉES DEPUIS LA CENSURE.

DÉFENSE DU CONSTITUTIONNEL, prononcée à l'audience de la Cour royale du 17 juillet 1827, par Me. DUPIN aîné, avocat.

LA MALLE-POSTE *ou* LES DEUX OPPOSITIONS; par FÉLIX BODIN, rédacteur du *Constitutionnel*. Prix :   1 fr.

DU RÉTABLISSEMENT DE LA CENSURE PAR L'ORDONNANCE DU 25 JUIN 1827; par M. le vicomte DE CHATEAUBRIAND, Pair de France; suivi *De la Censure qu'on vient d'établir en vertu de l'article 4 de la loi du 17 mars 1822*, et *De l'abolition de la Censure* (anciens écrits du même auteur). Prix :   2 fr.

COMMENT ON FAIT LES RÉVOLUTIONS; par M. Alexis DE JUSSIEU. In-8°. Prix :   25 cent.

LETTRE DE LA GIRAFE AU PACHA D'ÉGYPTE, pour lui rendre compte de son voyage à Saint-Cloud et envoyer les Rognures de la Censure de France au Journal qui s'établit à Alexandrie en Afrique. Prix :   1 fr.

LETTRE A M. L. RÉDACTEUR DU JOURNAL DES DÉBATS, SUR L'ÉTAT DES AFFAIRES PUBLIQUES; par M. A. DE SALVANDY. Prix :   1 fr.

DEUXIÈME LETTRE A M. LE RÉDACTEUR DU JOURNAL DES DÉBATS, par M. A. DE SALVANDY. Prix :   1 fr.

LA CENSURE, scène historique; par MÉRY et BARTHÉLEMY, avec cette épigraphe. *Vexat Censura*. Prix :   1 fr. 50 c.

LES AMIS DE LA LIBERTÉ DE LA PRESSE, par M. le vicomte DE CHATEAUBRIAND. Prix :   0 fr.